ÉDITIONS SAINT-SÉBASTIEN

-2016-

confisque à son profit l'infaillibilité promise à l'évêque
de Rome; que les oracles démagogiques remplacent les
oracles du vicaire de Jésus-Christ. Non, cela ne peut
être, cela ne sera pas; à moins que nous ne soyons arrivés à ces terribles jours de l'Apocalypse où un grand
empire antichrétien s'étendra du centre aux pôles de
la terre, où l'Église du Christ subira d'épouvantables
affaiblissements, où le redoutable sacrifice sera, pour
la première et dernière fois, suspendu, et où, après
des catastrophes inouïes, l'intervention directe de Dieu
sera nécessaire pour sauver son Église, pour renverser
l'orgueil et terrasser l'impie.

Au point où en sont venues les choses, une solution
radicale et prochaine est inévitable. Les sociétés n'en
peuvent plus, et il faut que la démagogie succombe ou
qu'elle en finisse avec les sociétés humaines : une réaction ou la mort. Que Dieu dans sa justice nous donne la
réaction, pour nous délivrer de la mort dans sa misé-
ricorde !

II

LA DICTATURE [1]

MESSIEURS,

Le long discours prononcé hier par M. Cortina, et au-
quel je vais répondre, en le considérant sous un point

[1] Discours prononcé à la Chambre des députés de Madrid le 4 jan-
vier 1849.

de vue restreint, eu égard à ses vastes dimensions, n'a été qu'un épilogue : l'épilogue des erreurs du parti progressiste, lesquelles à leur tour ne sont qu'un autre épilogue : l'épilogue des erreurs inventées depuis trois siècles, et qui troublent plus ou moins aujourd'hui toutes les sociétés humaines.

En commençant son discours, M. Cortina a avoué, avec la bonne foi qui le distingue et qui rehausse tant son talent, que lui-même quelquefois en est venu à se demander si ses principes ne seraient pas faux et ses idées désastreuses, en les voyant toujours dans l'opposition et jamais au pouvoir. Je le dirai à Sa Seigneurie ; pour peu qu'elle réfléchisse, son doute se changera en certitude. Ses idées ne sont pas au pouvoir, et sont dans l'opposition précisément parce qu'elles sont des idées d'opposition et non des idées de gouvernement. Idées infécondes, messieurs, idées stériles, désastreuses, qu'il faut combattre jusqu'à ce qu'elles soient couchées dans leur sépulture naturelle, ici, sous ces voûtes, au pied de cette tribune. (*Applaudissement général sur les bancs de la majorité.*)

Fidèle aux traditions du parti dont il est le chef et qu'il représente ; fidèle, dis-je, aux traditions de ce parti depuis la Révolution de février, M. Cortina a mis dans son discours trois choses que j'appellerai inévitables. La première est l'éloge de ce parti, éloge fondé sur un exposé de ses mérites passés ; la seconde est le mémoire de ses griefs présents ; la troisième, le programme ou l'exposé de ses services futurs.

Messieurs de la majorité, je viens ici défendre vos principes ; mais n'attendez pas de moi le moindre éloge : vous êtes les vainqueurs, rien ne sied tant au front du vainqueur qu'une couronne de modestie. (*Bien ! bien !*)

N'attendez pas de moi non plus que je parle de vos griefs : vous n'avez pas à venger des offenses personnelles, mais bien celles qu'ont faites à la société et au trône les traîtres à leur reine et à leur patrie. Je ne ferai pas l'énumération de vos services. Dans quel but le ferais-je? Pour que la nation les connaisse? La nation n'en a pas perdu la mémoire. (*Rires.*)

M. Cortina, vous ne l'avez pas oublié, messieurs, a divisé son discours en deux parties. Sa Seigneurie a traité de la politique extérieure du gouvernement, et a appelé politique extérieure d'une haute importance pour l'Espagne les événements arrivés à Paris, à Londres et à Rome. J'aborderai, moi aussi, ces questions.

L'honorable orateur a ensuite abordé la politique intérieure ; et la politique intérieure, telle que l'a traitée M. Cortina, se divise en question de principes et question de faits, question de système et question de conduite. Par l'organe des ministres des affaires étrangères et de l'intérieur, qui se sont acquittés de cette tâche avec leur éloquence accoutumée, le ministère a répondu sur la question de faits et sur la question de conduite, ainsi qu'il lui appartenait de répondre, ayant toutes les données pour cela. La question de principes est demeurée à peu près intacte : je ne traiterai que celle-là ; mais, si le congrès me le permet, je la traiterai à fond. (*Attention.*)

Quel est le principe de M. Cortina? le voici, si j'ai bien analysé son discours. Dans la politique intérieure, la légalité : tout par la légalité, tout pour la légalité, la légalité toujours, la légalité en toute circonstance, la légalité en toute occasion. Et moi, qui crois que les lois sont faites pour les sociétés, et non les sociétés pour les lois (*Très-bien! très-bien!*) je dis : La société, tout par la société, tout pour la société, la société toujours, la société en toute circonstance, la société en toute occasion. (*Bravo! bravo!*)

Quand la légalité suffit pour sauver la société, la légalité; quand elle ne suffit pas, la dictature. Ce mot formidable, messieurs, — il l'est moins que celui de révolution, le plus formidable de tous (*Sensation*), — ce mot formidable a été prononcé ici par un homme que tout le monde connaît, et qui assurément n'est pas du bois dont on fait les dictateurs. Quant à moi, je me sens né pour les comprendre, mais non pour les imiter. Deux choses me sont impossibles : condamner la dictature, et l'exercer. Incapable de gouverner, je le reconnais en toute franchise, hautement et noblement, je ne pourrais en conscience accepter le gouvernement; je ne le pourrais sans mettre la moitié de moi-même en guerre avec l'autre moitié, mon instinct avec ma raison, ma raison avec mon instinct. (*Très-bien! très-bien!*)

Aussi, messieurs, j'en appelle au témoignage de tous ceux qui me connaissent : personne ici, ni hors d'ici, ne peut dire que je l'aie coudoyé dans le chemin de l'ambition où se porte la foule. (*Applaudissements.*) Mais tout le monde me rencontrera, tout le monde m'a rencontré dans le chemin modeste des bons citoyens; et, lorsque mes jours seront accomplis, je descendrai dans la tombe sans emporter le remords d'avoir manqué au devoir de défendre la société barbarement attaquée, ou l'amère et pour moi insupportable douleur d'avoir fait du mal à un homme.

Je dis, messieurs, que la dictature, en certaines circonstances, en des circonstances données, comme celles, par exemple, où nous sommes, est un gouvernement aussi légitime, aussi bon, aussi avantageux que tout autre, un gouvernement rationnel qui peut se défendre en théorie comme en pratique. Voyez, en effet, ce qu'est la vie sociale.

La vie sociale, comme la vie humaine, se compose de l'action et de la réaction, du flux et du reflux de certaines forces envahissantes et de certaines forces résistantes.

Telle est la vie sociale, telle est aussi la vie humaine. Or les forces envahissantes, qu'on appelle maladies dans le corps humain, et d'un autre nom dans le corps social, bien qu'elles soient essentiellement la même chose, ont deux états. Dans l'un, elles sont répandues çà et là dans la société et ne sont représentées que par des individus; dans l'autre, dans l'état de maladie aiguë, elles se concentrent davantage et sont représentées par des associations politiques. Eh bien, je dis que les forces résistantes n'existant dans le corps humain et dans le corps social que pour repousser les forces envahissantes, elles doivent se proportionner nécessairement à l'état présent de celles-ci. Lorsque les forces envahissantes sont disséminées, les forces résistantes le sont également; elles sont disséminées dans le gouvernement, dans les autorités, dans les tribunaux, en un mot, dans tout le corps social; mais les forces envahissantes se concentrent-elles dans des associations politiques, alors nécessairement, sans que personne le puisse empêcher, sans que personne ait le droit de l'empêcher, les forces résistantes se concentrent en une seule main. Voilà la théorie claire, lumineuse, indestructible, de la dictature.

Et cette théorie, qui est une vérité dans l'ordre rationnel, est un fait constant dans l'ordre historique. Citez-moi une société qui n'ait pas eu la dictature; citez-la-moi. Voyez plutôt ce qui se passait dans la démocratique Athènes, ce qui se passait dans Rome l'aristocratique. A Athènes, ce pouvoir souverain était aux mains du peuple, et s'appelait ostracisme; à Rome, il était aux mains du sénat, qui le déléguait à un personnage consulaire, et il s'appelait, comme chez nous, dictature. (*Bien! bien!*) Voyez les sociétés modernes; voyez la France dans toutes ses vicissitudes. Je ne parlerai pas de la première République, qui fut une dictature gigantesque, sans bornes, pleine de sang et d'horreurs. Je parle d'une époque postérieure. Dans la Charte de la Restauration, la dictature s'était réfugiée, ou, si l'on veut, avait cherché un asile dans l'article 14; dans la Charte de 1830, elle se trouvait dans le préambule. Et dans la République actuelle? Ne disons rien de celle-ci : Qu'est-elle, sinon la dictature sous le nom de République? (*Bruyants applaudissements.*)

M. Galvez Cagnero a cité ici, assez mal à propos, la Constitution anglaise. Précisément, messieurs, la Constitution anglaise est la seule au monde (si sages sont les Anglais !) où la dictature ne soit pas de droit exceptionnel, mais de droit commun. Et la chose est claire. En toutes circonstances, à toutes les époques, le Parlement a, quand il le veut, le pouvoir dictatorial ; car, dans l'exercice de sa puissance, il ne reconnaît d'autre limite que celle de tous les pouvoirs humains, la prudence. Il peut tout, et c'est là ce qui constitue le pouvoir dictatorial ; il peut tout, excepté changer une femme en homme ou un homme en femme, disent ses jurisconsultes. (*Rires.*) Il a le pouvoir de suspendre l'*habeas corpus*, de proscrire par un bill d'*attainder* ; il peut changer la constitution ; il peut changer même la dynastie, et non-seulement la dynastie, mais encore la religion ; il a le droit d'opprimer les consciences : en un mot, il peut tout. Qui a jamais vu, messieurs, une dictature plus monstrueuse ? (*Bien ! bien !*)

J'ai prouvé que la dictature est une vérité dans l'ordre théorique, et un fait dans l'ordre historique. Maintenant, je vais plus loin : si les convenances le permettaient, on pourrait dire que la dictature est aussi un fait dans l'ordre divin.

Dieu a laissé aux hommes, jusqu'à un certain point, le gouvernement des sociétés humaines, et s'est réservé exclusivement le gouvernement de l'univers. Dieu gouverne l'univers, si je puis parler ainsi et si l'on peut, dans un sujet si haut, employer les expressions du lan-

gage parlementaire, Dieu gouverne l'univers constitu-
tionnellement. (*Éclats de rire sur les bancs de la gauche.*) Eh! messieurs, cela me paraît de la plus grande
clarté, de la plus grande évidence. L'univers est gou-
verné par certaines lois précises, indispensables, qu'on
appelle causes secondes. Que sont ces lois, sinon des
lois analogues à celles que nous appelons fondamentales
dans les sociétés humaines?

Or, messieurs, si par rapport au monde physique
Dieu est le législateur, comme certains hommes sont
législateurs, quoique d'une manière différente, par rapport aux sociétés humaines, Dieu gouverne-t-il toujours
avec ces mêmes lois qu'il s'est imposées à lui-même
dans son éternelle sagesse et auxquelles il nous a tous
assujettis? Non, messieurs; car quelquefois il manifeste
sa volonté souveraine directement, clairement et expli-
citement, en brisant ces lois qu'il s'est imposées à lui-
même, et en détournant le cours naturel des choses.
Or, quand Dieu agit ainsi, ne pourrait-on pas dire, si le
langage humain pouvait s'appliquer aux choses divines,
qu'il agit dictatorialement? (*Les rires recommencent sur
les bancs de la gauche.*)

Cela prouve, messieurs, combien grande est la folie
d'un parti qui se figure pouvoir gouverner avec moins
de moyens que Dieu, et s'interdit le moyen, quelquefois nécessaire, de la dictature. Cela étant, la question réduite à ses véritables termes ne consiste pas à
savoir si la dictature est soutenable, ou si, dans certaines
circonstances, elle est bonne; mais bien si de telles

circonstances ne sont pas venues ou sont passées pour l'Espagne? Voilà le point le plus important et celui sur lequel je vais concentrer exclusivement mon attention. Pour cela, et je ne ferai qu'imiter tous les orateurs qui m'ont précédés à cette tribune, je n'aurai qu'à jeter un coup d'œil sur l'Europe, d'abord, et ensuite sur notre pays. (*Attention profonde.*)

La Révolution de février est venue, messieurs, comme vient la mort, à l'improviste. (*Grands applaudissements.*) Dieu avait condamné la monarchie française. En vain cette institution s'était-elle profondément transformée pour s'accommoder aux circonstances et aux temps : cela ne lui a servi de rien ; sa condamnation a été sans appel, et sa perte inévitable. La monarchie du droit divin finit avec Louis XVI sur l'échafaud ; la monarchie de la gloire finit avec Napoléon dans une île ; la monarchie héréditaire finit avec Charles X dans l'exil ; et avec Louis-Philippe finit la dernière de toutes les monarchies possibles, la monarchie de la prudence. (*Bravo! bravo!*) Triste et lamentable spectacle que celui d'une institution si vénérable, si antique, si glorieuse, que ne peuvent défendre ni le droit divin, ni la légitimité, ni la prudence, ni la gloire! (*Les applaudissements recommencent.*)

Lorsque la grande nouvelle de cette grande révolution arriva en Espagne, nous demeurâmes tous consternés, terrifiés. Rien n'était comparable à notre consternation, à notre épouvante, si ce n'est l'épouvante et la consternation de la monarchie vaincue. Je dis mal : il y

avait une consternation et une épouvante plus grandes
que celles de la monarchie vaincue, celles de la république victorieuse. (*Bien ! bien !*) Aujourd'hui même
encore, dix mois après son triomphe, demandez-lui
comment elle a vaincu, pourquoi elle a vaincu, par
quelles forces elle a vaincu, elle ne saura que vous répondre. Et pourquoi? parce que ce n'est pas la république qui a vaincu : la république n'a été que l'instrument de victoire d'un pouvoir plus haut. (*Profonde
sensation.*)

Ce pouvoir, son œuvre une fois commencée, a détruit
la monarchie avec un atome de république; croyez-
vous, messieurs, qu'il ne pourra pas, si cela est nécessaire et convient à ses fins, renverser à son tour la
république avec un atome d'empire ou un atome de monarchie? Cette révolution a été le sujet de grands com-
mentaires sur ses causes et sur ses effets dans toutes
les tribunes de l'Europe, et particulièrement à la tribune espagnole, et j'ai admiré avec quelle déplorable
légèreté on traite, ici et ailleurs, des causes profondes
qui amènent de tels bouleversements. Ici, comme ailleurs, on n'attribue les révolutions qu'aux fautes des
gouvernements; on oublie que les catastrophes univer-
selles, imprévues, simultanées, sont toujours providen-
tielles : car, messieurs, tels sont les caractères qui dis-
tinguent les œuvres de Dieu des œuvres de l'homme.
(*Bruyants applaudissements sur les bancs de la majorité.*)

Quand les révolutions présentent ces symptômes,
soyez sûrs qu'elles viennent du ciel, et qu'elles viennent

par la faute et pour le châtiment de tous. Voulez-vous, messieurs, savoir la vérité, toute la vérité sur les causes de la dernière révolution française? Eh bien, la vérité est qu'en Février était arrivé le jour de la grande liquidation de toutes les classes de la société avec la Providence, et qu'en ce jour redoutable toutes se sont trouvées en faillite. Oui, en ce jour, leur liquidation s'est faite avec la Providence, et toutes, je le répète, se sont trouvées en faillite. Je dis plus : la république elle-même, le jour de sa victoire, se déclara aussi en banqueroute. La république avait dit qu'elle venait établir dans le monde le règne de la liberté, de l'égalité et de la fraternité, trois dogmes qui ne viennent pas de la république et qui viennent du Calvaire. (*Bien! bien!*) Eh bien, messieurs, qu'a-t-elle fait depuis? Au nom de la liberté, elle a rendu nécessaire, elle a proclamé, elle a accepté la dictature. Au nom de l'égalité, sous le titre de républicains de la veille, de républicains du lendemain, de républicains de naissance, elle a inventé je ne sais quelle espèce de démocratie aristocratique et je ne sais quelle espèce de ridicules blasons. Enfin, au nom de la fraternité, elle a restauré la fraternité payenne, la fraternité d'Étéocle et de Polynice; et les frères se sont égorgés les uns les autres dans les rues de Paris, dans la bataille la plus sanglante que les siècles aient jamais vue dans les murs d'une cité. A cette république, qui s'est appelée la république des trois vérités, je donne un démenti : elle est la république des trois blasphèmes, la république des trois mensonges. (*Bravo! bravo!*)

Abordons maintenant les causes de cette révolution. Le parti progressiste a toujours les mêmes causes pour tout. M. Cortina nous a dit hier qu'il y a des révolutions parce qu'il y a des illégalités et parce que l'instinct des peuples les soulève d'une manière uniforme et spontanée contre les tyrans. M. Ordax Avecilla nous avait dit auparavant : Voulez-vous éviter les révolutions, donnez du pain aux affamés. Voilà, dans toute sa profondeur, la théorie du parti progressiste : les causes de la révolution sont, d'une part la misère, de l'autre la tyrannie. Cette théorie, messieurs, est contraire, entièrement contraire à l'histoire. Je demande qu'on me cite un exemple d'une révolution entreprise et menée à fin par des peuples esclaves ou par des peuples affamés. Les révolutions sont la maladie des peuples riches. des peuples libres. Le monde ancien était un monde où les esclaves composaient la majeure partie du genre humain : citez-moi la révolution qu'ont faite ces esclaves. (*Sur les bancs de la gauche : La révolution de Spartacus?*)

Tout ce qu'ils purent faire, ce fut de fomenter quelques guerres serviles : mais les révolutions profondes furent toujours l'œuvre d'opulentes aristocraties. Non, messieurs, le germe des révolutions n'est pas dans l'esclavage, n'est pas dans la misère ; le germe des révolutions est dans les désirs de la multitude surexcitée par les tribuns qui l'exploitent à leur profit. (*Bien! bien!*) *Vous serez comme les riches*, telle est la formule des révolutions socialistes contre les classes moyennes. *Vous serez comme les nobles*, telle est la formule des

révolutions des classes moyennes contre les classes no-
biliaires. *Vous serez comme les rois*, telle est la formule
des révolutions des classes aristocratiques contre les
rois. Enfin, messieurs : *Vous serez comme des dieux*,
telle est la formule de la première révolte du premier
homme contre Dieu. Depuis Adam, le premier rebelle,
jusqu'à Proudhon, le dernier impie, telle est la formule
de toutes les révolutions. (*Très-bien! très-bien!*)

Le gouvernement espagnol, c'était son devoir, n'a
pas voulu que cette formule eût son application en
Espagne; il l'a d'autant moins voulu, que la situation
intérieure n'était pas des plus rassurantes : et c'était pour
lui une nécessité de se mettre en garde contre les éven-
tualités de l'intérieur aussi bien que contre les éventua-
lités du dehors. Pour agir autrement, il aurait fallu
qu'il méconnût complétement la puissance de ces cou-
rants magnétiques qui partent des foyers d'infection révolutionnaire et vont tout empester dans le monde.
(*Très-bien! très-bien!*)

Voici en peu de mots quelle était la situation intérieure. La question politique n'était pas, n'a jamais été
et n'est pas encore de tout point résolue : les questions
politiques, dans les sociétés si agitées par les passions,
ne se résolvent pas facilement. La question dynasti-
que n'était pas terminée; car, bien qu'en cette question
nous soyons les vainqueurs, nous n'avons pas encore
obtenu la résignation du vaincu, ce qui est le complé-
ment de la victoire. (*Bravo!*) La question religieuse se
trouvait en très-mauvais état. La question des mariages

était, vous le savez tous, envenimée. Je le demande, messieurs ; en supposant, comme je l'ai déjà prouvé, que dans certaines circonstances données la dictature soit légitime, avantageuse, étions-nous ou n'étions-nous pas dans de telles circonstances? Si nous n'y étions pas, dites-moi quelles circonstances plus graves se sont produites dans le monde. L'expérience est venue démontrer que les calculs du gouvernement et les prévisions de cette chambre n'avaient pas été mal fondés. Vous le savez tous, messieurs, je glisserai rapidement sur ce sujet, parce que je déteste tout ce qui peut alimenter les passions, je ne suis point né pour cela : vous savez tous que la République a été proclamée à Madrid à coups d'escopette; vous savez tous qu'on avait gagné une partie de la garnison de Madrid et de Séville; vous savez tous que sans la résistance énergique, active, du gouvernement, l'Espagne tout entière, depuis les colonnes d'Hercule jusqu'aux Pyrénées, d'une mer à l'autre, n'aurait été qu'un lac de sang. Et ce n'eût pas été seulement l'Espagne! Savez-vous quels maux se seraient répandus dans le monde si la révolution eût triomphé? Ah, messieurs! quand on pense à ces choses, on ne peut s'empêcher de s'écrier que le ministère qui a su résister et vaincre a bien mérité de la patrie. (*Très-bien! très-bien!*)

Cette question est venue se compliquer de la question anglaise. Avant d'aborder cette dernière (et je déclare tout de suite que je n'y entrerai que pour en sortir immédiatement, parce que cela me paraît convenable et opportun), le congrès me permettra d'exposer quelques idées générales qui me semblent utiles dans cette discussion.

J'ai toujours cru, messieurs, que, pour les gouvernements et pour les peuples, comme pour les individus, l'aveuglement est un signe de perdition. Je crois que Dieu commence toujours par aveugler ceux qu'il veut perdre ; qu'il met le trouble dans leur tête pour qu'ils ne voient pas l'abîme qu'il met sous leurs pas. Appliquant ces idées à la politique générale, suivie depuis quelques années par l'Angleterre et par la France, je puis le dire ici, il y a longtemps que j'ai prédit de grands malheurs et des catastrophes.

C'est un fait historique, un fait reconnu, un fait incontestable, que la mission providentielle de la France est d'être l'instrument de la Providence pour la propagation des idées nouvelles, soit politiques, soit religieuses et sociales. Dans les temps modernes, trois grandes idées ont envahi l'Europe : l'idée catholique, l'idée philosophique, l'idée révolutionnaire. Or, dans ces trois périodes, toujours la France s'est faite homme pour propager ces idées. Charlemagne a été la France faite homme pour propager l'idée catholique ; Voltaire a été la France faite homme pour propager l'idée philosophique ; Napoléon a été la France faite homme pour propager l'idée révolutionnaire. (*Applaudissements unanimes.*)

De même, je crois que la mission providentielle de l'Angleterre est de maintenir le juste équilibre moral du monde, en servant de contre-poids perpétuel à la France. La France est comme le flux, l'Angleterre comme le reflux de la mer. (*Très-bien! très-bien!*) Supposez un moment le flux sans le reflux, les mers s'épancheraient sur tous les continents ; supposez le reflux sans le flux, les mers disparaîtraient de la terre. Supposez la France sans l'Angleterre, on ne verrait plus le monde se mouvoir que par convulsions : chaque jour paraîtrait une nouvelle constitution, à chaque heure une nouvelle forme de gouvernement. Supposez l'Angleterre sans la France, le monde végéterait à jamais sous la charte de Jean-Sans-Terre, ce type immuable de toutes les constitutions britanniques. Que signifie donc la coexistence de ces deux puissantes nations? Elle signifie le progrès contenu par la stabilité, la stabilité vivifiée par le progrès. (*Bien! bien!*)

Eh bien, messieurs, depuis quelques années, j'en appelle à l'histoire contemporaine et à vos souvenirs, ces deux grandes nations ont perdu la mémoire de leurs traditions, la conscience de leur mission providentielle. La France, au lieu de répandre dans le monde les idées nouvelles, a prêché partout le *statu quo* : le *statu quo* en France, le *statu quo* en Espagne, le *statu quo* en Italie, le *statu quo* en Orient. Et l'Angleterre, au lieu de prêcher la stabilité, a prêché partout la révolte : en Espagne, en Portugal, en France, en Italie et en Grèce. Qu'en est-il résulté? Ce qui devait forcément en résulter : que chacune des deux nations, remplissant un rôle qui n'avait jamais été le sien, l'a fort mal joué. La France a voulu se transformer de diable en prédicateur, l'Angleterre de prédicateur en diable. (*Rire général, accompagné d'applaudissements sur tous les bancs.*)

Telle est, messieurs, l'histoire contemporaine ; mais, pour ne parler que de l'Angleterre, car c'est d'elle seule que j'ai à m'occuper en ce moment, Dieu veuille ne pas faire tomber sur elle, comme il l'a fait sur la France, les catastrophes qu'elle a méritées par ses fautes ! Nulle faute n'est comparable à celle de l'Angleterre appuyant partout les partis révolutionnaires. Malheureuse ! ne sait-elle pas qu'au jour du danger ces partis, avec un instinct plus sûr que le sien, se tourneront contre elle ? Cela n'est-il pas déjà arrivé ? Et cela devait arriver, messieurs ; car tous les révolutionnaires du monde savent que, quand les révolutions deviennent sérieuses, quand les nuages s'amoncèlent, quand l'horizon s'obscurcit, quand les vagues montent, le vaisseau de la révolution n'a d'autre pilote que la France. (*Grands et vifs applaudissements.*)

Telle a été la politique suivie par l'Angleterre, ou pour mieux dire par son gouvernement et ses agents durant la dernière époque. Je ne veux pas traiter cette question, je l'ai dit, et je le répète : de graves considérations m'en détournent. La considération du bien public, d'abord ; car, je dois le déclarer ici solennellement : je désire l'alliance la plus intime, l'union la plus complète, entre la nation espagnole et la nation anglaise. J'admire et je respecte cette nation, la plus libre et la plus puissante peut-être qui soit sur la terre, et la plus digne d'être puissante et libre. Je ne voudrais donc pas envenimer cette question par mes paroles, ni porter le moindre obstacle aux négociations ultérieures. Une autre considération encore me détermine à ne point traiter cette question. Pour la traiter, je serais obligé de parler d'un homme dont, plus encore que M. Cortina, j'ai été l'ami; or je ne puis aller pour lui aussi loin que M. Cortina : l'honneur ne me permet que le silence. (*Le nom de M. Bulwer, ambassadeur d'Angleterre en Espagne, circule sur les bancs de la majorité.*)

En traitant cette question, M. Cortina, qu'il me permette de le lui dire avec franchise, a éprouvé une espèce d'étourdissement; il a oublié qui il est, où il était et qui nous sommes. Orateur du parlement, il s'est cru avocat; parlant devant des députés, il a cru parler devant des juges; s'adressant à une assemblée délibérante, il a cru s'adresser à un tribunal; traitant un grand sujet politique et national, il a cru plaider un procès; c'est un procès sans doute, mais un procès entre deux nations. Or, messieurs, était-ce bien à M. Cortina de se faire l'avocat de la partie adverse de la nation espagnole? (*Applaudissements sur les bancs de la majorité.*) Eh quoi! messieurs, est-ce là par hasard ce qu'on appelle du patriotisme? Est-ce là vraiment être patriote? Oh! non. Savez-vous ce que c'est que d'être patriote? Être patriote, messieurs, c'est aimer, c'est haïr, c'est sentir, comme aime, comme hait, comme sent notre patrie. (*Bravo! bravo!*)

J'ai dit, messieurs, que je passerais légèrement sur cette question ; j'ai passé.

Le secrétaire du congrès (Lafuente Alcantara). — L'heure fixée par le règlement étant passée, on demande au congrès s'il veut prolonger la séance.

Le congrès décide que la séance continuera.

Le marquis de Valdegamas. — Messieurs, ni les circonstances intérieures, qui étaient si graves, ni les circonstances extérieures, qui étaient si compliquées et si périlleuses, rien ne peut adoucir l'opposition des honorables députés qui siégent sur ces bancs. — Et la liberté? nous disent-ils. Quoi! la liberté n'est-elle pas au-dessus de tout? Ne doit-on pas respecter au moins la liberté individuelle, et n'a-t-elle pas été sacrifiée? — La liberté, messieurs! Savent-ils le principe qu'ils proclament et le nom qu'ils prononcent, ceux qui prononcent ce mot sacré? Connaissent-ils le temps où ils vivent? Le bruit des dernières catastrophes n'est-il pas arrivé jusqu'à vous, messieurs? Quoi! ne savez-vous pas qu'à cette heure la liberté est morte? N'avez-vous pas assisté, comme moi, en esprit, à sa douloureuse passion? Ne l'avez-vous pas vue persécutée, raillée, perfidement frappée par tous les démagogues du monde? Ne l'avez-vous pas vue traîner son angoisse sur les montagnes de la Suisse, sur les rives de la Seine, sur les bords du Rhin et du Danube, et sur le rivage du Tibre? Ne l'avez-vous pas vue monter au Quirinal, qui a été son Calvaire? (*Bruyants applaudissements.*)

Messieurs, ce mot fait frémir (mais nous ne devons

pas hésiter à prononcer de telles paroles, lorsqu'elles expriment la vérité, et la vérité je suis résolu à la dire) : la liberté est morte ! (*Sensation profonde.*) Elle ne ressuscitera, messieurs, ni le troisième jour, ni la troisième année, ni peut-être le troisième siècle ! Vous vous effrayez de la tyrannie que nous souffrons ? vous vous effrayez de peu : vous verrez bien autre chose. Et ici, messieurs, je vous prie de graver mes paroles dans votre mémoire, car ce que je vais vous dire, les événements que je vais vous annoncer, doivent, dans un avenir plus ou moins prochain, mais qui ne peut être loin de nous, s'accomplir à la lettre. (*Grande attention.*)

La cause de toutes vos erreurs, messieurs (*l'orateur s'adresse aux députés de la gauche*), c'est que vous ignorez la direction de la civilisation et du monde. Vous croyez que la civilisation et le monde avancent quand le monde et la civilisation rétrogradent. Le monde marche à grands pas à la constitution d'un despotisme, le plus gigantesque et le plus destructeur que les hommes aient jamais vu. Voilà où vont le monde et la civilisation. Pour annoncer ces choses, je n'ai pas besoin d'être prophète ; il me suffit de considérer l'ensemble effrayant des événements humains, de leur seul vrai point de vue, des hauteurs catholiques.

Il n'y a, messieurs, que deux répressions possibles : l'une intérieure, l'autre extérieure ; la répression religieuse et la répression politique. Elles sont de telle nature, que, lorsque le thermomètre religieux s'élève, le thermomètre de la répression baisse, et que, réciproquement, lorsque le thermomètre religieux baisse, le thermomètre politique, la répression politique, la tyrannie, monte. C'est une loi de l'humanité, une loi de l'histoire. Et, pour vous en convaincre, messieurs, voyez ce qu'était le monde, voyez ce qu'était la société aux temps qui sont de l'autre côté de la Croix; dites ce qui se passait quand il n'y avait pas de répression intérieure, de répression religieuse. La société alors ne se composait que de tyrans et d'esclaves. Citez-moi un seul peuple de cette époque où il n'y eût pas des esclaves et de la tyrannie? c'est un fait incontestable et incontesté, c'est un fait évident. La liberté, la liberté véritable, la liberté de tous et pour tous, n'est venue au monde qu'avec le Sauveur du monde (*Très-bien! très-bien!*); c'est là encore un fait incontesté, un fait reconnu, même par les socialistes. Oui, les socialistes le confessent; ils appellent Jésus un homme divin; ils font plus, ils se disent les continuateurs de Jésus. Ses continuateurs, grand Dieu! Eux, ces hommes de sang et de vengeance, continuateurs de Celui qui n'a vécu que pour faire le bien, qui n'a ouvert la bouche que pour bénir, qui ne fit de prodiges que pour délivrer les pécheurs du péché, les morts de la mort; qui, dans l'espace de trois ans, a accompli la plus grande révolution dont le monde ait été témoin, et cela sans avoir versé d'autre sang que le sien! (*Vifs et unanimes applaudissements.*)

Prêtez-moi, je vous prie, votre attention; je vais vous mettre en présence du parallélisme le plus merveilleux que nous offre l'histoire. Vous avez vu que dans le monde ancien, alors que la répression religieuse était aussi bas que possible, car il n'en existait aucune, la répression politique monta au degré extrême, puisqu'elle monta jusqu'à la tyrannie. Eh bien, avec Jésus-Christ, là où naît la répression religieuse, disparaît complétement la répression politique. Cela est si vrai, que, Jésus-Christ ayant fondé une société avec ses disciples, cette société a été la seule qui ait existé sans gouvernement. Entre Jésus-Christ et ses disciples, il n'y avait d'autre gouvernement que l'amour du Maître pour les disciples, et l'amour des disciples pour le Maître. Vous le voyez donc, quand la répression intérieure était complète, la liberté était absolue.

Suivons le parallélisme. Voici les temps apostoliques que j'étendrai, car cela convient ainsi au dessein que je me propose, depuis les temps apostoliques proprement dits, jusqu'à l'époque où le christianisme monta au Capitole, sous le règne de Constantin le Grand. En ce temps-là, messieurs, la religion chrétienne, c'est-à-dire la répression religieuse intérieure, était à son apogée; mais, malgré cela, il arriva ce qui arrive dans toutes les sociétés composées d'hommes : il commença à se développer un germe, rien qu'un germe de licence et de liberté religieuse. Eh bien, messieurs, observez le parallélisme : à ce commencement d'abaissement dans le thermomètre religieux correspond un commencement d'ascension dans le thermomètre politique. Il n'y a pas encore de gouvernement, le gouvernement n'est pas nécessaire encore; mais il faut déjà un germe de gouvernement. Par le fait, dans la société chrétienne d'alors il n'y avait pas de véritables magistrats, mais il y avait des juges arbitres et amiables compositeurs, qui sont le germe du gouvernement. Il n'y avait réellement que cela; les chrétiens des temps apostoliques n'avaient pas de procès et ne s'adressaient pas aux tribunaux: leurs contestations étaient jugées par des arbitres. Remarquez, messieurs, comme le gouvernement grandit avec la corruption.

Arrivent les temps féodaux. A cette époque la religion est encore à son apogée, mais jusqu'à un certain point viciée par les passions humaines. Qu'arrive-t-il alors dans le monde politique? qu'un gouvernement réel et effectif y est déjà nécessaire; mais que cependant le plus faible suffit. En conséquence, la monarchie féodale s'établit, la plus faible de toutes les monarchies.

Suivez toujours le parallélisme : Voici le seizième siècle. Alors, avec la grande réforme luthérienne, avec ce grand scandale politique et social, en même temps que religieux, avec cet acte d'émancipation intellectuelle et morale des peuples, coïncident les institutions suivantes. En premier lieu, à l'instant même, de féodales les monarchies deviennent absolues. Vous croyez, messieurs, qu'une monarchie, qu'un gouvernement, ne peuvent pas être plus qu'absolus. Eh bien, il fallait que le thermomètre de la répression politique montât encore, parce que le thermomètre religieux continuait de descendre : et le thermomètre politique monta plus haut. Que créa-t-on de nouveau? Les armées permanentes. Et savez-vous ce que sont les armées permanentes? Pour le savoir, il suffit de savoir ce que c'est qu'un soldat : un soldat est un esclave en uniforme. Ainsi donc, vous le voyez encore, lorsque la répression religieuse baisse, la répression politique monte, elle monte jusqu'à l'absolutisme, et même plus haut. Il ne suffisait pas aux gouvernements d'être absolus; ils demandèrent et obtinrent le privilége d'avoir au service de leur absolutisme un million de bras.

Ce n'est pas tout : il fallut que le thermomètre politique continuât de monter, parce que le thermomètre religieux continuait de descendre; il monta encore. Quelle nouvelle institution fut alors créée? Les gouvernements dirent : Nous avons un million de bras, et cela ne nous suffit pas; nous avons besoin de quelque chose de plus, nous avons besoin d'un million d'yeux : et ils eurent la police. Ce ne fut pas le dernier progrès : le thermomètre politique et la répression politique devaient monter encore, parce que, malgré tout, le thermomètre religieux descendait toujours; ils montèrent. Ce ne fut pas assez pour les gouvernements d'avoir un million de bras, d'avoir un million d'yeux; ils voulurent avoir un million d'oreilles : et ils eurent la centralisation administrative, par laquelle toutes les réclamations, toutes les plaintes, viennent aboutir au gouvernement.

Eh bien, messieurs, cela ne put suffire; le thermomètre religieux baissant toujours, il fallait que le thermomètre politique montât plus haut. Et il monta.

Les gouvernements dirent : Pour réprimer nous n'avons pas assez d'un million de bras, d'un million d'yeux, d'un million d'oreilles, il nous faut plus encore ; il nous faut le privilége d'être au même moment présents sur tous les points de notre empire. Et ce privilége, ils l'obtinrent : le télégraphe fut inventé. (*Grands applaudissements.*)

Tel était, messieurs, l'état de l'Europe et du monde quand le premier mugissement de la dernière révolution vint nous annoncer à tous qu'il n'y a pas encore assez de despotisme sur la terre, puisque le thermomètre religieux demeure au-dessous de zéro. Et maintenant, de deux choses l'une...

J'ai promis de parler aujourd'hui avec une entière franchise et je tiendrai parole. (*L'attention redouble.*)

Eh bien, de deux choses l'une : ou la réaction religieuse vient, ou elle ne vient pas. S'il y a réaction religieuse, vous verrez bientôt comment, à mesure que le thermomètre religieux montera, le thermomètre politique commencera à descendre naturellement, spontanément, sans effort aucun, ni des peuples ni des gouvernements ni des hommes, jusqu'à ce qu'il marque le jour tempéré de la liberté des peuples. (*Bravo !*) Mais si, au contraire, et ceci est grave (ce n'est point la coutume d'appeler l'attention des assemblées délibérantes sur des questions semblables à celles sur lesquelles j'appelle la vôtre aujourd'hui ; mais la gravité des événements sera mon excuse, et je crois que votre bienveillance m'excusera également) ; eh bien, messieurs, je

dis que, si le thermomètre religieux continue à baisser,
on ne voit plus jusqu'où nous irons. Je ne le vois pas,
messieurs, et je n'y puis penser sans terreur. Consi-
dérez les analogies que je vous ai exposées, et pesez
cette question : si aucun gouvernement n'était nécessaire quand la répression religieuse était à son apogée,
maintenant que la répression religieuse n'existe plus,
quel gouvernement suffira pour réprimer? Tous les
despotismes ne seront-ils pas impuissants? (*Profonde
sensation.*)

Messieurs, n'ai-je pas mis le doigt sur la plaie? Oui !
telle est la question pour l'Espagne, pour l'Europe,
pour l'humanité, pour le monde. (*C'est évident! c'est
évident!*)

Remarquez une chose, messieurs. Dans le monde ancien la tyrannie a été féroce et impitoyable ; et pourtant
cette tyrannie était matériellement limitée, tous les États
étant petits et les relations nationales étant impossibles
de tout point ; par conséquent, dans l'antiquité, il ne
put y avoir de tyrannie sur une grande échelle, si ce
n'est une seule, celle de Rome. Mais aujourd'hui, combien les choses sont changées ! Les voies sont préparées
pour un tyran gigantesque, colossal, universel, immense ;
tout est préparé pour cela. Remarquez-le bien, il n'y a
déjà plus de résistances ni morales ni matérielles. Il n'y
a plus de résistances matérielles : les bateaux à vapeur
et les chemins de fer ont supprimé les frontières, et le
télégraphe électrique a supprimé les distances. Il n'y a
plus de résistances morales : tous les esprits sont divisés,

tous les patriotismes sont morts. Dites-moi donc si j'ai raison ou non de me préoccuper du prochain avenir du monde; dites moi si, en traitant cette question, je ne traite pas la vraie question. (*Sensation.*)

Une seule chose peut détourner la catastrophe, une seule : on ne l'évitera pas en donnant plus de liberté, plus de garanties, de nouvelles constitutions; on l'évitera si nous travaillons tous, chacun suivant ses forces, à provoquer une réaction salutaire, une réaction religieuse. Or, messieurs, cette réaction est-elle possible? Oui. Mais est-elle probable? Je réponds avec la plus profonde tristesse : Je ne la crois pas probable. J'ai vu, j'ai connu beaucoup d'hommes qui, après s'être éloignés de la foi, y sont revenus; malheureusement je n'ai jamais vu de peuple qui soit revenu à la foi après l'avoir perdue.

S'il me fût resté quelque espérance, les derniers événements de Rome l'auraient détruite. Et ici je vais dire deux mots sur cette question que M. Cortina a également traitée.

Il n'y a pas d'expression pour qualifier les événements de Rome. Comment les appellerez-vous, messieurs? Déplorables? Tous ceux que j'ai cités le sont aussi; les événements de Rome sont plus que cela. Les appellerez-vous horribles? Ils sont, messieurs, au-dessus même de l'horreur.

Il y avait à Rome — il n'y est plus — sur le trône le plus éminent, l'homme le plus juste, le plus évangélique de la terre. Qu'a fait Rome de cet homme juste, de cet homme évangélique? Qu'a-t-elle fait, cette ville où ont régné les héros, les Césars et les Pontifes? Elle a changé le trône des pontifes pour le trône des démagogues. Rebelle à Dieu, elle est tombée sous l'idolâtrie du poignard. Voilà ce qu'elle a fait. Le poignard, messieurs, le poignard démagogique, le poignard souillé de sang, voilà aujourd'hui l'idole de Rome. Voilà l'idole qui a renversé Pie IX! Voilà l'idole que promènent par les rues des bandes de Caraïbes! Je dis des Caraïbes? je dis mal : les Caraïbes sont féroces, ils ne sont pas ingrats! (*Bruyants applaudissements.*)

J'ai résolu, messieurs, de parler en toute franchise, je parlerai. Je dis qu'il est nécessaire que le roi de Rome retourne à Rome, ou qu'à Rome, n'en déplaise à M. Cortina, il ne reste pas pierre sur pierre. (Sur les bancs de la majorité : *Très-bien! très-bien!*)

Le monde catholique ne peut consentir, et il ne consentira pas, à la destruction virtuelle du christianisme par une ville seule, livrée à une folie frénétique. L'Europe civilisée ne peut consentir, et elle ne consentira pas, qu'on ruine l'édifice de la civilisation européenne en abattant sa coupole. Le monde ne peut consentir, et il ne consentira pas, qu'à Rome, la ville sainte, se réalise l'avénement au trône d'une nouvelle et étrange dynastie, la dynastie du crime. (*Bravo!*) Et qu'on ne dise pas, messieurs, comme le dit M. Cortina, comme le disent, dans leurs journaux et dans leurs discours, les députés qui siégent sur ces bancs (*de la gauche*), qu'il y a là deux questions, l'une temporelle, l'autre spirituelle, et que la question a été entre le prince temporel et son peuple; que le pontife existe encore. Deux mots sur cette question, deux mots qui expliqueront tout.

Sans aucun doute, le pouvoir spirituel est le principal dans le pape : le pouvoir temporel l'accessoire; mais cet accessoire est nécessaire. Le monde catholique a le droit d'exiger que l'oracle infaillible de ses dogmes soit libre et indépendant; et le monde catholique ne peut avoir la certitude que son chef spirituel est indépendant et libre que lorsque ce chef est souverain; seul le souverain ne dépend de personne. (*Très-bien! très-bien!*) Par conséquent, messieurs, la question de souveraineté, qui est partout une question politique, est de plus, à Rome, une question religieuse; le peuple, qui peut être souverain partout ailleurs, ne peut l'être à Rome; les assemblées constituantes qui peuvent exister dans tous les autres pays ne peuvent exister à Rome; à Rome, il ne peut y avoir d'autre pouvoir constituant que le pouvoir constitué. Rome, messieurs, et les États pontificaux n'appartiennent pas à Rome; ils n'appartiennent pas même au pape; ils appartiennent au monde catholique. Le monde catholique les a reconnus au pape, pour qu'il fût libre et indépendant, et le pape lui-même ne peut se dépouiller de cette souveraineté, de cette indépendance. (*Applaudissement général.*)

Je termine, messieurs, car le Congrès doit être très-fatigué, et je le suis aussi. (*Plusieurs voix :* Non, non!) Franchement, je dois déclarer que je ne puis m'étendre davantage, parce que je suis souffrant, et ç'a été un pro-

dige que j'aie pu parler ; mais j'ai dit le principal de ce
que j'avais à dire.

Après avoir traité les trois questions extérieures qu'a
traitées **M.** Cortina, j'arrive, pour conclure, à la question intérieure. Depuis le commencement du monde
jusqu'à ce jour, on a discuté la question de savoir quel
système vaut le mieux, pour éviter les révolutions et
les bouleversements, celui des concessions ou celui de
la résistance ; mais ce qui était une question depuis
l'an premier de la création jusqu'à l'an de grâce 1848
n'en est plus une aujourd'hui, elle est résolue ; et, si mes
souffrances me le permettaient, je vous le montrerais
en faisant une revue de tous les événements depuis Février jusqu'à ce jour. Je me contenterai d'en rappeler
deux. En France, — et ce sera mon premier exemple,
— la monarchie, qui ne résista point, fut vaincue par
la république, qui avait à peine assez de force pour se
mouvoir ; et la république, qui avait à peine la force
de se mouvoir, vainquit le socialisme, parce qu'elle
résista.

A Rome, — et c'est l'autre exemple que je veux citer,
— qu'est-il arrivé ? N'aviez-vous pas là votre modèle ?
Dites-moi, si vous eussiez été peintres et que vous eussiez voulu peindre le modèle d'un roi, n'auriez-vous
pas emprunté les traits de Pie IX ? Pie IX a voulu être,
comme son divin maître, magnifique et généreux ; il
trouva des proscrits, il leur tendit la main et les rendit
à leur patrie ; il trouva des réformistes, et il leur ac-
corda des réformes ; il trouva des libéraux, et il leur

donna la liberté : chacune de ses paroles fut un bienfait. Et maintenant, répondez-moi, messieurs, ses ignominies n'égalent-elles pas ses bienfaits, si elles ne les surpassent? En présence de ce résultat, messieurs, la question du système des concessions n'est-elle pas une question résolue? (*Très-bien! très-bien!*)

S'il s'agissait ici de choisir entre la liberté et la dictature, il n'y aurait pas de dissentiment. Qui, en effet, pouvant posséder la liberté, irait se prosterner devant la dictature? Mais telle n'est pas la question. En fait, la liberté n'existe pas en Europe : les gouvernements constitutionnels qui la représentaient dans ces derniers temps ne sont plus aujourd'hui, presque partout, que des charpentes sans solidité, des squelettes privés de vie. Rappelez-vous, messieurs, la Rome des empereurs. Dans cette Rome existent encore toutes les institutions républicaines, les tout-puissants dictateurs, les inviolables tribuns, les familles sénatoriales, les éminents consuls : tout cela existe; il ne manque qu'une chose, et il n'y en a qu'une de trop : ce qu'il y a de trop, c'est un homme; ce qui manque, c'est la république. (*Très-bien! très-bien!*)

Eh bien, messieurs, tels sont dans presque toute l'Europe les gouvernements constitutionnels; et, sans y penser et sans le savoir, M. Cortina nous l'a démontré l'autre jour. M. Cortina ne nous disait-il point qu'il préfère, et avec raison, ce que dit l'histoire à ce que disent les théories? J'en appelle à l'histoire. Que sont, monsieur, ces gouvernements avec leurs majorités légiti-

mes, toujours vaincues par les minorités turbulentes;
avec leurs ministres responsables, qui ne répondent de
rien; avec leurs rois inviolables, toujours violés? Ainsi,
messieurs, la question, comme je l'ai dit, n'est pas
entre la liberté et la dictature; si elle était entre la liberté et la dictature, je voterais pour la liberté, comme
vous tous qui siégez dans cette enceinte. La question, la voici, et je conclus : Il s'agit de choisir entre
la dictature de l'insurrection et la dictature du gouvernement; dans cette alternative, je choisis la dictature du gouvernement, comme moins lourde et moins
honteuse. (*Applaudissements sur les bancs de la majorité.*)

Il s'agit de choisir entre la dictature qui vient d'en
bas et la dictature qui vient d'en haut : je choisis celle
qui vient d'en haut, parce qu'elle vient de régions plus
pures et plus sereines. Il s'agit de choisir, enfin, entre
la dictature du poignard et la dictature du sabre : je
choisis la dictature du sabre, parce qu'elle est plus
noble. (*Bravo! bravo!*) En votant, messieurs, nous
nous diviserons sur cette question, et, en nous divi-
sant, nous serons conséquents avec nous-mêmes. Vous,
messieurs (*de la gauche*), vous voterez, comme toujours,
le plus populaire, et nous, messieurs (*de la droite*),
comme toujours, le plus salutaire.

(*Une grande agitation succède à ce discours. L'orateur reçoit les félicitations de presque tous les membres
de la Chambre.*)

22